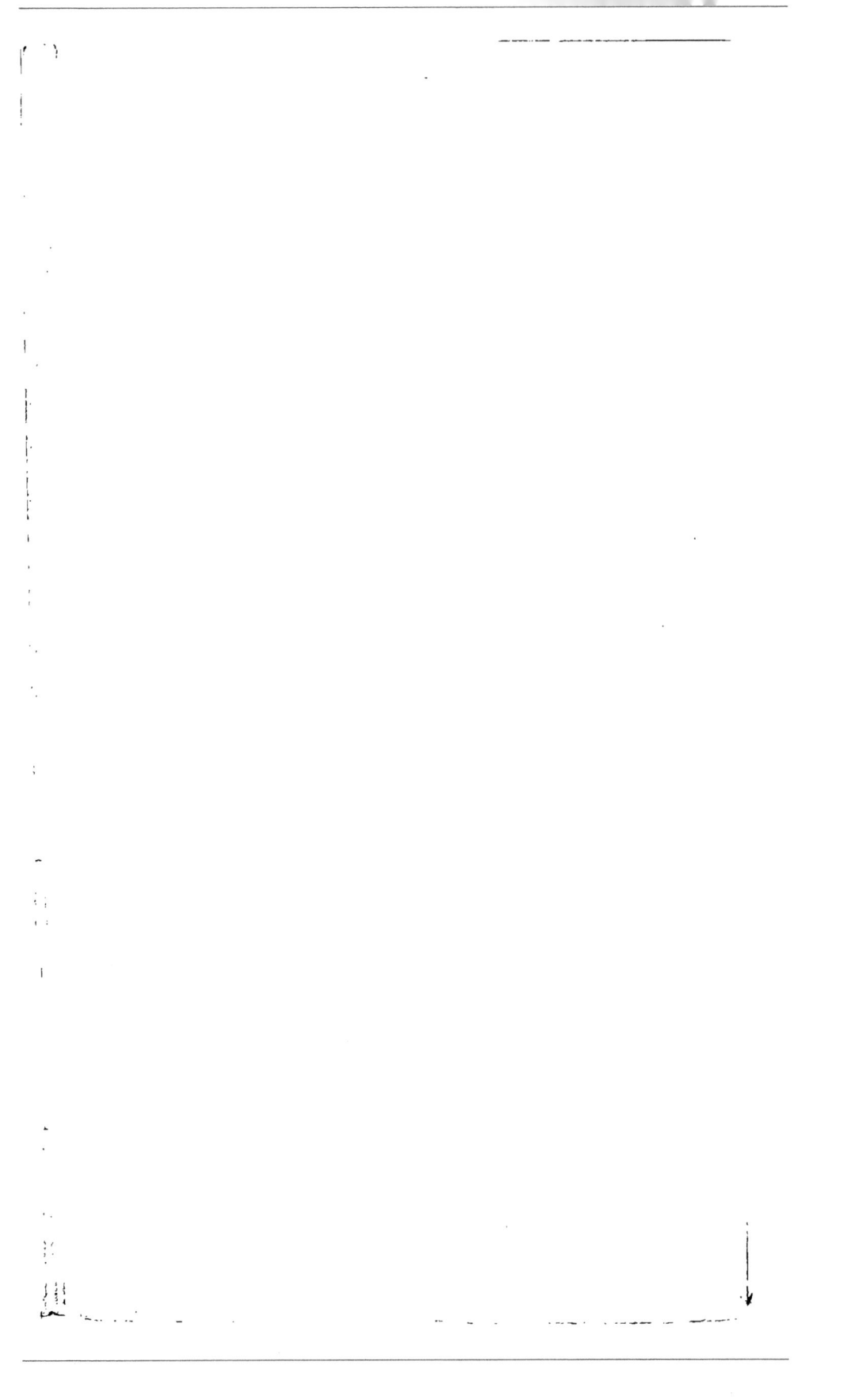

L'ANTI-EMILE,

OU

PRECIS SIMPLE

D'UNE ÉDUCATION SOLIDE.

Damnosa quid non imminuit dies ?
Horat.

PAR M. L'ABBÉ C***.

A LYON,

De l'Imprimerie d'AIMÉ DELAROCHE,
aux Halles de la Grenette.

M. DCC. LXII.

AVEC PERMISSION.

L'ANTI-EMILE,

O U

PRÉCIS SIMPLE

D'UNE EDUCATION SOLIDE.

RESPECTER l'enfance de l'Homme , veiller attentivement fur fes premiers pas , lui dicter dès-le berceau des maximes pour l'efprit & pour le cœur , verfer dans fon lait nourricier le miel de l'humanité & le fel de la religion, abus, préjugé d'origine,(dit le Plutarque moderne) c'étoit l'ancienne méthode. Que la nature telle qu'elle fut toujours, & telle qu'elle eft encore aujourd'hui, cette mere fi fage, fi intelligente, faffe feule tous les frais de l'éducation, qu'elle perfectionne elle-même fon ouvrage; que l'homme fourd à toute autre voix qu'à la fienne, vole impétueufement fur les ailes bruyantes

A ij

des paſſions, *tout eſt fait*, *tout eſt bien*, le Réformateur célebre a prononcé, conſeils, imitation, zele, émulation, gratitude, heroïſme, crainte filiale, induſtrie, Providence paternelle, affection, ſollicitude amicale, ſageſſe d'un Mentor vous n'êtes que des mots, ou tout au plus des filets qui animez & faites jouer des fantômes; vous n'entrerez déſormais dans le plan d'une nouvelle éducation que comme préjugés qui tiranniſez l'homme & qui lui ôtez la reſpiration & la vie; le ciſeau moderne vous tranche. Unité de caracteres, identité d'éducation, néceſſité de paſſions, pleine liberté de tout penſer, de tout dire & de tout faire; voilà le catéchiſme à la mode, voilà l'eſprit d'un ſyſtême qui va, on ne ſauroit mieux, avec celui de l'égalité des conditions.

Le ſyſtême a-t-il pris, prendra-t-il ? Les hommes feront-ils donc ainſi que les brutes deſtinés à ſe former dans des haras ! Sont-ce là les leçons d'une Philoſophie qui devoit faire rougir nos peres ? O force éternelle, ſécouez pour un inſtant les tombeaux de nos premiers Maîtres, dans l'art ſacré de former

l'être raisonnable ! Leurs manes of-
ficieux seroient-ils indifférents sur la
destinée de ces jeunes plantes qui
doivent perpétuer l'espece de l'homme & de l'honnête homme ? Non,
ils veillent encore sur la culture des
arbrisseaux plantés dans les champs
de l'Etat, pour rapporter un jour
des fruits à la Religion, à la Patrie,
& à la Société. Et n'est-ce pas pour
leur nourriture, n'est-ce pas pour
leur accroissement que ces premiers
Mentors ont laissé dans mille écrits
une manne préparée dont se nour-
riront toujours les grands Rois, les
bons Peuples, & les Héros Chrétiens? Ils parleront ces Anges tuté-
laires du monde entier, qui n'ont
rien eu plus à cœur que de nous
assurer un fond de la plus saine &
de la plus noble éducation ; ils s'in-
quiettent constamment des moyens
de transmettre à la Postérité ce précieux dépôt qui doit être sacré à la
nouveauté, à la passion, au préjugé,
à l'ignorance, au fanatisme ; causes
trop ordinaires de nos crimes & de
nos malheurs.

Que le temps dévore l'acier, mais
qu'il respecte des Ouvrages, qui en
assurant l'empire des Lettres fondent

à perpétuité celui des Vertus. Les Fenelon, les Boſſuet, les Rollin, les Crouzas, & tant d'autres, qui ont tracé des plans d'éducation, vivront au delà des temps ; ils parleront à la poſtérité, ces Hommes, & tels que des fleuves qui trop enflés pour être contenus dans un eſpace étroit s'échappent pour porter au loin la joie, l'abondance, & la vie ; de même ces génies trop vaſtes, trop lumineux, & trop riches pour eux ſeuls, ſe communiqueront & ſe reproduiront, en répandant ſur tous les êtres intellectuels, quelques étincelles d'un ſuperflu dont pétillent leurs Ouvrages, autant de ſources abondantes où l'on puiſera des richeſſes immenſes, & pour l'eſprit & pour le cœur.

Ab his antiquis non ab his voluptuariis petenda. *Cic. Tuſc.*

Ouvrons les yeux, voyons les briller ces Aſtres faits pour nous conduire dans la route la plus aſſurée. Qu'ils me parlent Sciences, qu'ils me parlent Mœurs, je les écoute, & j'avance hardiment, parce que rien ne m'eſt ſuſpect de leur part ; parce qu'ils me parlent dans le ſein de ma Patrie ; parce que dans ce qu'ils me propoſent je ne vois rien que de grand, rien que de magnifique, rien qui ne réponde, qui ne pare à mes befoins les plus preffants; parce que dans leur plan tout eft analogue à la belle humanité; parce qu'enfin tout y mene à la religion d'honnête homme, au bien de l'Etat, & au mieux être de la fociété.

S'ils me parlent efprit, en partant après eux du principe que les belles connoiffances font un bien, j'en fens bientôt les avantages, & j'en découvre la folidité dans une relation démontrée néceffaire avec cette fcience unique qui fait le Philofophe Chrétien; ils me fuggérent des conféquences, en me rapprochant doucement des befoins d'un cœur dont le defir auffi violent qu'il eft infini, femble s'irriter des fecours infuffifants que l'efprit veut lui fournir & fe fatiguer d'une étude bornée telles que font celles où fe porte l'efprit humain. Je fens près d'eux, & j'avoue à l'inftant qu'il faut néceffairement à ce cœur immenfe, à ce cœur inquiet, des objets faits pour lui; il les cherche, il les retrouve, il trouve un Etre fuprême, il trouve des Hommes femblables à lui; la Loi parle & commande.

Auguft Confeff.

A iv

Adore un Dieu, fois jufte & ché-
ris ta Patrie : Voilà tout l'Homme
& l'Homme doué de toutes les
fciences. Du centre de cette triple
néceffité je m'effaie, je parcours fans
danger des efpaces immenfes, je
me promene dans l'infini, je dévore
tout ce qui fe préfente ; Langues,
Sciences facrées, Sciences profanes,
tout rit à mes recherches ; le poifon
même me devient un antidote falu-
taire. Ah ! c'eft pour lors que tout
eft bien ! parce que tout concourt
à me tenir dans l'ordre, à m'inftruire
fur mes obligations à l'égard de
Dieu, à l'égard de moi-même, &
à l'égard des autres hommes.

Telle eft la route que la Sageffe
prefcrit à l'efprit humain, telle eft
celle qu'ont toujours tenue & que
nous recommandent les Maîtres
du fecret de l'Art focial & de la
Philofophie Chrétienne.

Apprendre que l'on eft Homme,
s'avouer tel devant Dieu ; fe prouver
à foi-même que l'on eft Homme ;
agir en Homme avec tous les autres
Hommes ; refpecter en foi, en eux,
le caractere de l'Humanité ; c'eft tout
à la fois & ce que nous apprenons
à l'Ecole de l'Heroïfme Chrétien,

& ce qui fait l'augufte enfemble des hautes Sciences qui donnent un Fils refpectueux & reconnoiffant, un Epoux fidele, un. Citoyen aimable, un zélé Patriote, un Ami vrai, un Commerçant affuré, un Magiftrat integre, un Roi pere de la Patrie, un Savant & un Philofophe Chrétien.

Homo fum & humani à me nihil alienum puto. Terent. 1.

Le plan eft brillant, dira l'Oracle moderne, mais l'exécution en eft-elle poffible ? Très-poffible, fi l'on fuit nos premiers modeles : que l'on l'ef-faie, on le remplira, on verra bien-tôt de jeunes Télémaques courir à pas de géant dans les fentiers de la Juftice ; on verra nos jeunes gens hommes avant d'être enfants.

J'avance toujours après ces guides parfaits ; s'ils me parlent les premiers éléments des connoiffances humaines les plus abftraites, après qu'ils en ont arraché les épines pour ne m'en laiffer que le fruit, ils me les font envifager fous un point de vue fi net, fi précis ; ils me les donnent fur un ton fi fimple & fi familier ; ils me les préfentent fous une for-me fi gracieufe que je les goûte ; ils me deviennent naturels, & pour ainfi dire innés.

Si je les fuis dans la carriere des

plus hautes fciences, c'eft toujours d'un pas intrépide, parce qu'ils m'offrent les objets tels qu'ils les voient eux-mêmes, c'eft-à-dire, fous toutes les faces poffibles ; c'eft qu'ils me montrent du doigt le côté le plus naturel & le plus analogue à la maniere de concevoir & de faifir les réalités & la poffibilité dans les Etres. C'eft conftamment, invariablement, infailliblement, du beau, du fentiment, du vrai fous des images naïves & intéreffantes ; c'eft toujours du magnifique fous le coloris le plus lumineux.

J'apperçois, & je fens des vérités que je fais difcuter : celles que je ne puis qu'entrevoir, loin de les fronder, parce qu'elles étonnent ma raifon, c'eft cette raifon que je querelle, que je retranche dans fon impuiffance, en tirant d'elle un jufte aveu, que s'il eft des chofes à fa portée, il en eft infiniment plus qui la paffent. Enfin, je lui impofe filence, & j'adore ce que je ne puis comprendre, laiffant la préfomptueufe liberté de tout concevoir à l'altiere Philofophie, qui tentera toujours en vain de placer l'infini dans le plus borné de tous les Etres.

Cic.
Tufc.

Je finis près de ces Maîtres excel-
lents par apprendre à me rapprocher
ſi intimement de moi-même, que
je me connoiſſe ; & que de cette
connoiſſance je tire la connoiſſance
d'un Etre auquel je dois le mien ;
& celle des êtres ſi ſemblables au mien
que je les prends pour moi-même.
Durant ce travail le cœur me dicte
mes obligations, la loi parle, je
prends ma place dans ce monde , je ne gêne point autrui , &
je ne ſuis point gêné. Je me plais
ſous le compas bienfaiſant d'une
Providence qui me ſubordonne à
des Rois, à leurs Miniſtres ; je prends
le parti de chérir ma ſituation &
de m'y fixer comme dans la plus aſſurée ; je ne riſque point une bru-
tale incertitude. Je vis en homme
content , & je meurs encore plus
ſatisfait de pouvoir me dire que je
me ſuis maintenu dans l'ordre &
vis-à-vis de Dieu, vis-à-vis de moi-
même , & vis-à-vis des autres ; heureux d'avoir paru comme l'éclair
dans ce monde, & plus heureux
d'y avoir rempli dignement le rôle
de cet être que l'on décompoſe ,
que l'on bigarre, que l'on défigure ,
que l'on matérialiſe , parce que

l'orgueil & la paſſion défendent que l'on le mette à ſa juſte eſtimation.

Adore un Dieu , ſois juſte , & chéris ta Patrie , l'Eſprit l'a dit & l'a bientôt dit ; mais de cette néceſſité reconnue paſſe-t-on ſi-tôt à la pratique des devoirs qu'impoſe cette loi ? C'eſt au Philoſophe Chrétien d'éclaircir le myſtere ; c'eſt à lui de parler ici & d'agir : il ſait adorer Dieu , il ſait le croire & le reconnoître pour un Etre ſuprême , indépendant , éternel , tout-puiſſant , provident , miſéricordieux , mais juſte en même temps ; il n'appartient qu'à lui de l'honorer d'un culte en eſprit, d'un culte légitime. Ce culte eſt-il défini ? Eſt-il révélé ? Eſt-il ordonné ? Eſt-il caractériſé ? Fut-il toujours voulu ? Eſt-il confirmé ? Par qui & comment ? Mon Mentor trouve toutes ces ſolutions dans les Décrets adorables d'une Sageſſe éternelle , & dans le Dogme d'une tradition ſacrée ; il s'y conforme.

Voilà le vrai Dieu , Philoſophe orgueilleux , adore-le.

Sois juſte. C'eſt au Philoſophe Chrétien d'apprécier cette juſtice , d'en produire des actes réfléchis , d'abord pour lui-même , en avouant de bonne foi son impuiſſance , ſa foibleſſe , ſon ignorance , en modérant ſes paſſions , en chériſſant juſqu'au mot de Vertu ; & pour les autres , en leur procurant tous les ſecours ſpirituels & temporels dont il ſe trouve bien lui-même , en ne leur faiſant aucun tort, ſur-tout dans ces biens du cœur dont la poſſeſſion rend l'ame ſi ſage , ſi tranquille & ſi heureuſe.

Voilà la Juſtice , Philoſophe orgueilleux , pratique-la.

Chéris ta Patrie. C'eſt ici le chef-d'œuvre du Héros Chrétien qui ſe reſſerre volontairement par des liens qui l'attachent à des Chefs , à des Parents , à des Amis , à tous ſes Concitoyens , qui partage avec eux le joug de l'obéiſſance, qui exhorte le foible, rappelle le lâche , qui ſoutient le courageux , pleure avec le malheureux, combat avec le Soldat, ſe gêne avec le Citoyen pour fournir au Tréſor ſacré d'où découlent tous les biens, & pour la Religion & pour l'Etat.

Voilà la Patrie , Philoſophe fugitif, choiſis-la. Le voilà ce cercle au delà duquel l'homme , fût-il un

Oracle, n'est aux yeux du Sage

qu'un petit être égaré. Voilà l'éducation éternelle & la Loi bien en-
tendue ; Loi douce, mais si pref-
fante en même temps , qu'elle oblige
tout homme , à tout âge , & par-
tout ; Loi qui par conféquent ne
peut-être tranfgreffée ni ignorée im-
punément ; elle est faite, elle est
publiée.

Cette Loi fi facrée est la regle éternelle ,
Les Peuples & les Rois ne peuvent rien
contre elle.

Compas facré fous lequel on n'est
pas étouffé, ainfi que l'écrit un moderne : l'efprit raifonnable, le cœur
droit, l'honnête homme , loin de s'y
trouver terre à terre , prend de là
un libre effor qui l'éleve & le rap-
proche d'une deftinée qui le met
autant au deffus des Philofophes modernes, qu'il est lui-même au deffus
des animaux irraifonnables.

Telles font les bornes que fe font
toujours prefcrites les vrais Héros
de l'empire des Lettres , & malheur
à quiconque veut les forcer. Ces
fages limites reconnues, on est forcé
de conclure qu'il est des principes
conftants d'un vrai beau , d'un beau

essentiel, d'un beau universel que l'esprit cherche, que le sentiment réclame, & que la Philosophie Chrétienne a fixé.

Tel est le mystere de l'éducation que l'Auteur de ce Précis développe succintement dans un Ouvrage qu'il prépare au Public sous le titre, *l'Esprit de la Philosophie Chrétienne*, dans lequel il convient avec l'homme que rien n'est si digne de lui que la recherche de la vérité, & qu'il est né pour elle ; mais il lui fait comprendre aussi que sa corruption lui fait prendre le change dans la recherche de cette vérité ; que comme il hait naturellement tout ce qui le condamne, il n'aime que les connoissances spéculatives qui n'engagent à rien ; qu'il ferme les yeux à une lumiere qui lui prescriroit des devoirs ; qu'il est sourd à la voix qui tonne au fond du cœur, pour courir après mille connoissances stériles qui flattent sa vanité sans parler à sa conscience ; que de tant de penibles, mais frivoles recherches, il ne lui reviendra rien qu'un juste & piquant remord d'avoir préféré la gloire de paroître bel esprit au soin de devenir meilleur ;

que s'il se prête à cette réflexion, il
renoncera bientôt à toutes ces dé-
couvertes suppofées précieufes ; qu'il
n'interrogera plus les Savants du
fiecle ; qu'il n'ira qu'à l'école de ce
Divin , de ce Souverain Maître qui
dicte des leçons de falut : Science
feule néceffaire & toujours plus aifée
que les Sciences humaines ; Science
qui n'eft point le fruit de l'imagi-
nation , mais le fruit de la mortifi-
cation des paffions ; Science dans
laquelle on devient plus habile dans
un moment par un fentiment d'humilité , que par tous les foins , les
veilles , & les études les plus opi-
niâtres & les plus difpendieufes ;
Science qui n'éclaire l'efprit que
pour échauffer le cœur ; Science
qui des affections paffe dans les
mœurs , pour nous former à cette
perfection qui fait le terme de toute
félicité. La Science, ajoute-t-il, n'a
rien de mauvais, il peut être utile
d'être favant ; mais il eft néceffaire
d'être homme de bien : c'eft donc,
conclut-il, une dernière folie de
chercher à briller un inftant par de
belles connoiffances, & de s'égarer
éternellement par des œuvres dan-
gereufes , qui ne font que trop

souvent celles d'un Philosophe orgueilleux & d'un prétendu bel esprit. Tout son Ouvrage divisé en leçons assez courtes pour être lues sans fatigue & sans dégoût, ne tend qu'à former de bonne heure, & le plutôt qu'il est possible, l'Homme à la recherche & à la pratique de la Vertu.

L'Homme ne vit pas long-temps, mais dès qu'il existe il vit déjà d'une vie du cœur, il faut donc à ce cœur un aliment tout prêt, sans quoi il se dessèche, il périt; il fait des pertes considérables qu'il faut réparer continuellement Le rétablira-t-on par le régime d'une diete que conseille le nouvel Esculape de l'Homme, dans un siecle sur-tout où le cœur a plus besoin que jamais d'une forte nourriture? La Philosophie moderne lui a fabriqué de la drogue apprêtée, les levres charnelles la goûtent, mais le cœur la rejette comme un aliment qui le surcharge; s'il a le malheur de s'en nourrir, la convulsion, les agitations, le désordre des passions lui font bientôt sentir qu'il s'est nourri d'un poison mortel qui le tuera, s'il ne recourt à une manne substantielle.

Homo natus de muliere brevi vivens tempore.

Que l'on me demande après cela quand il eft à propos de nourrir le cœur de l'Homme ? C'eft me demander quand il faut donner à manger à quelqu'un qui a faim ? Nourriffez le à tout âge, dès-l'âge le plus tendre ce cœur qui fera toujours dans des crifes & hors de lui-même, fi vous ne lui parlez juftice & droiture, fi vous ne le rappellez à des vérités folides pour lefquelles il eft né. Du fein de la nourrice, le foible enfant ofe fixer le Ciel, & fa timide paupiere, loin de fe fermer alors, fe prête aux rayons de cet Aftre fi bienfaifant :

Os homini fublime dedit, cælumque intueri juffit.

Ovid.

Si les yeux foibles & délicats ne font point bleffés de cette lumiere univerfelle, l'ame de ce tendre Adolefcent la feroit-elle des impreffions du beau dont on veut la frapper dès les premieres années d'une vie trop fugitive, dont le terme touche pour ainfi dire au principe ?

A quel âge, encore une fois, doit-on éclairer cette petite ame qui veut voir ? Sera-ce à fept ans, à dix,

à quinze? Lucrece auroit bientôt
tranché la difficulté; mais fans doute
que le Philofophe moderne, par un
refte de fcrupule, de bon fens, ne glif-
fera pas fur la queftion la plus intéref-
fante. Il s'agit ici d'un premier pas à
faire vers le bonheur ou vers le malheur, d'un pas duquel dépend un
tout ou rien. Il s'agit d'affurer à l'humanité, des Rois, des Peuples
choifis, des Citoyens, des Enfants,
des Amis, des Soldats, des Héros;
de fixer des Vertus, des récompen-
fes, des châtiments, un avenir; il
s'agit de fe procurer mille avantages qui ont exifté, puifque des
Sages les ont goûtés, & puifque le
vrai Philofophe les defire encore
aujourd'hui; des biens qui ne font
ni imaginaires, ni préjugés, ni pieu-
fes rêveries de nos Peres, & l'idée
que l'on en a ne les rend-elle pas
néceffaires?

A quel âge, parlez Mentors
modernes, le Pupile de l'humanité
eft-il propre à les goûter? Vous ne
dites mot, & je vais parler d'après
le Divin Politique, d'après le Tu-
teur Eternel Jesus-Christ. Que
l'Homme jouiffe de fa légitime fpi-
rituelle dès le berceau; qu'il voie le

beau, qu'il entende la Loi, qu'il
sente la Justice, *Nate, aspice Cœlum*,
qu'il prépare les voies du Souverain .
Maître, *Parate vias Domini*, &
que pour cette préparation il aille dès
la pointe du jour à l'ouvrage. Sur
le midi de l'âge le poids des passions
est trop fatigant, il accable, on
court risque de s'endormir, de se
trouver le soir sans travail & sans
récompense. Oui, Mentor Chrétien,
c'est dès la tendre enfance qu'il faut
tourner, manier, tailler cette jeune
plante, la couvrir dès son aurore
du bouclier des Vertus, contre les
orages & les vents impétueux qui
agitent cette mer orageuse, *Quærite*
. . . . . . *dùm inveniri potest* ; c'est
de bonne heure qu'il faut la tourner vers cette céleste Lumiere qui
éclaire tout Homme à son entrée
en ce monde, *Quæ illuminat om-
nem hominem venientem in hunc
mundum*. L'Oracle Divin a parlé,
tais-toi Philosophie cruelle ; parce
que tes enfants seront aveuglés ,
faut-il que les nôtres suivent tes
routes insensées ? Nous ne te de-
mandons point l'aile audacieuse de
Icare. cet imprudent de la Fable qui fut
précipité du Ciel. Le timide Aiglon

dans le trou du roc, fixe déjà fans
danger le vol hardi de fa tendre
nourriciere; ne femble-t-il pas qu'il
mefure la route qu'il doit tenir
pour s'approcher du féjour du ton-
nerre. O guides trompeurs! ne con-
duifez pas l'Homme : fi vous vous
êtes égarés ne l'égarez point, ne lui
voilez pas la colonne fidelle qui le
conduira fûrement dans la terre pro-
mife, à travers les horreurs du dé-
fert; fans vous la plus tendre enfance faura lever les yeux vers le
Ciel : l'Aftre qui y brille a des rayons
propres à l'éclairer fans la bleffer ;
elle verra les Cieux, pourra y lire
peut-être plus diftinctement que
vous, & en parler avec plus de
connoiffance, *Ex ore infantium &
lactentium perfecifti laudem*, & quoi-
que cette petite créature encore no-
vice dans l'art de raifonner ne puiffe
vous rendre compte de ce qu'elle
voit & de ce qu'elle fent, ne con-
cluez pas qu'elle n'apperçoit rien,
qu'elle ne fent rien, qu'elle ne fait
rien; fon cœur raifonne avec l'Auteur de toutes les Sciences. Athée,
confultez-le ce cœur, il vous tirera
vous-même du préjugé, il vous dira
que l'Enfant a déjà le bénéfice d'une

simple intelligence; qu'il a peut-être une vue plus distincte de quelques grandes vérités qu'un savant orgueilleux qui voit, mais qui ne voit que lui-même ; qui connoît, mais qui n'adore point, comme il convient, ce qu'il connoît, & ce travail lui est facile parce qu'il n'est point encore embarrassé dans les entraves des passions charnelles, *Non ex sanguinibus neque ex voluntate carnis.*

Paul.

Barbares Pilotes, laissez, laissez cotoyer le rivage à cette barque légere qu'un zéphyr bienfaisant éloigne d'une mer orageuse, & qu'elle conduit dès-le crépuscule du jour vers le Ciel, *Sinite pueros venire ad me* : respectez en eux l'empreinte toute fraîche de la Divinité : la main dont ils sortent les soutient encore ; leur premier soupir est pur, il s'élance vers l'Océan de justice dont il est sorti ; ne l'infectez point, c'est le tribut qu'exige un Dieu jaloux qui n'a pas cru le trop payer d'un Sang qu'il a répandu pour tous les Hommes. Grands, petits, jeunes & vieux, faites-le valoir, vous y avez droit. Que l'impie se scandalise, qu'il frémisse, Dieu ne s'est fait Homme que

Après le Baptême.

Pro omnibus mortuus est.

pour parler aux Hommes ; Enfant que pour parler aux Enfants, que pour les éclairer, les intéreffer, les gagner, & fes délices, depuis l'époque mémorable de la Rédemption, font d'être avec les enfants des Hommes : *Deliciæ meæ effe cùm filiis Hominum.*

Non, Philofophes frivoles, vos leçons loin de nous faire rougir ne prendront point par-tout ; rougiffez vous-mêmes de vous voir fans replique, fi je vous plaçois vis-à-vis d'un Enfant qui poffede fon Catéchifme. Volez, fi vous le pouvez, au delà du limon dont nous fommes tous pêtris, vous ne ferez point admis avec eux à l'école des Enfants du Ciel, vous périrez dans les flots d'un déluge d'erreurs, tandis que l'innocente Colombe fortira du berceau du monde pour contempler le Ciel, pour le ravir, & pour nous préfager dans une poftérité plus heureufe la fin de vos impiétés & de nos malheurs. En attendant cette réfurrection précieufe, nos Enfants fe tiendront dans l'Arche fainte près du Bon Pafteur qui vous en exclut, parce que vous vous en excluez vous-mêmes ; parce que vous n'avez pas connu le temps de fa vifite, *Tenebræ eam non comprehenderunt :* parce que vous ne priez pas que fon regne arrive dans vos cœurs & que fa volonté fe faffe : parce que vous rougiriez d'apporter à fes leçons cette docilité, cette humilité qui caractérifent les Enfants de l'Eglife, & fans laquelle on eft trop élevé pour paffer par la voie étroite : parce que vous aimez mieux ces voies larges, ces fuyans tortueux dont les iffues mennent à l'erreur & à la mort, *Noviſſima ejus ducunt ad mortem.*

Eft-ce là votre Morale, Philofophes Chrétiens ? Ai-je tort de la débiter? Non, affurez donc mon plan, vous

Les Parlements de France. Peres des Peuples, les dignes Tuteurs de la Poftérité, vous qui préfents à tous les fiecles leur affurez tous les avantages, tous les biens poffibles; vous qui par vos lumieres auffi pures que par vos délibérations les plus juftes, femblez moins des Codes vivants de la Loi que des Interpretes fideles de la volonté Suprême; vous enfin qui êtes les dépofitaires de l'autorité de nos Rois, & qui n'en ufez que pour leur gloire, pour celle de la Religion, pour le progrès

des

des Arts, pour le foutien de l'Etat
& pour la félicité des Peuples ; c'eft
fous vos aufpices qu'un Mentor, zélé
pour l'éducation de la jeuneffe, voudroit paroître. Il demande votre
nom refpectable à la tête d'un tout
qui appartient effentiellement à chacun de vous en particulier. C'eft
fous le nom de Colbert que la fageffe fit goûter à Louis XIV le fyftê-
me d'un parfait gouvernement; c'eft
fous celui de Mazarin qu'elle fit
agréer à un Dauphin des leçons
& des maximes d'une éducation
Royale , & c'eft fous le vôtre ,
Meffieurs, que cette même Sageffe
voudroit faire paffer à la plus longue poftérité le plan d'une éducation digne de l'homme Chrétien ;
qu'elle voudroit raffurer fes parti-
fans, étonner les faux fages , & ré-
tablir l'humanité dans les droits
qu'une licencieufe liberté d'imaginer
ofe lui ravir.

Que votre modeftie fi févere le
cede ici à tant de Vertus qui percent
malgré elle ; qu'elle le cede aux
vœux d'une Nation augufte qui
vous demande ce fceau refpectable fur le patrimoine de fes chers
Enfants: à ces motifs fi puiffants

B

j'ofe ajouter que vous le devez à
un Ouvrage qui ne tracera que vos
Vertus, qui n'expofera que les vérités que vous méditâtes & prati-
quâtes toujours près d'un Monar-
que vertueux qui vous chérit, &
qui fait fi bien difcerner en vous
les qualités éminentes qui vous
firent l'œil de fon Trône, & l'ame
de fes Confeils.

Parle-
ment de
aris.

Que vous êtes chers à nos Nations, & que vous êtes grands à nos
yeux dès que vous êtes chers à
Louis le Bien-Aime', qui fe plaît à
vous voir contribuer à la profpérité
de fon regne & à l'affurance de notre
bonheur! C'eft fur cette grande idée
que plus d'un fideleHiftorien s'apprête
de décrire vos travaux affidus, votre
zele infatigable & vos foins paternels
pour le bien univerfel du plus vafte
Royaume : quand le marbre & le
bronze fe tairont, vos Juftices ne
fe tairont point, elles fauront redire
à la Poftérité l'infaillibilité, l'inté-
grité, la fageffe de vos. décifions :
In memoria æterna erit juftus.

Mais où m'emporte mon zele refpectueux pour un Corps dont les
éloges déjà confacrés dans nos faftes
publics & gravés dans les cœurs de

chaque fujet François, ne me laiffent plus rien à dire.

Je me tais, & je reviens à mes vœux; oui, vous étoufferez la voix d'un Oracle payen qui nous annonce une poftérité plus vicieufe. Horace.

La nôtre vous tend fes bras auguftes, elle vous demande des fecours, elle fait même quelques efforts pour fe ranger fous la protection d'un Corps qui comme un mur d'airain la défendra contre les traits féduifants d'une nouveauté licencieufe ; c'eft à vous qu'elle veut s'attacher, ainfi qu'une jeune plante qui s'unit au tronc d'un chêne majeftueux fous lequel bravant la tempête , elle croit & porte des fleurs & des fruits jufqu'aux Cieux. Oui, vous la couvrirez cette plante fi tendre que la moindre intempérie flétriroit; vous écarterez les poifons qui germent au tour d'elle : & que n'en coûteroit-il pas à vos cœurs paternels toujours ouverts aux befoins de l'humanité pour laiffer un inftant la Jeuneffe fans ces fecours avec lefquels fe forment les grands Hommes & les cœurs Chrétiens, avec lefquels vous vous êtes formés vous-

mêmes ? Il lui fallut toujours un
frein qui la modérât, elle ne veut
le tenir que de votre choix ; donnez
lui donc des guides qui la menent
dans la voie fûre. Puifqu'il n'eft
qu'un chemin vers les véritables
fciences, c'eft à vous à l'indiquer,
à ordonner que l'on le fuive fcru-
puleufement : c'eft à vous à ôter les
embarras que l'on jette fur les routes
anciennes de la belle, de la folide
éducation ; à éteindre enfin ces
lueurs trompeufes que l'on fait briller aux yeux trop foibles d'un âge
tendre, qui fourit au preftige & caref-
fe jufqu'à l'ombre de la bagatelle.

Vous avez vu & vous avez gémi
fur les fuites funeftes qu'entraîne
après elle une doctrine licencieufe ;
& combien fon efprit ne vous a-t-il
pas révolté ? vous avez marqué votre
jufte indignation par des traits de
feu, & les vents ont porté loin de
nous les cendres impures de mille
brochures perverfes dont on vouloit
infecter le Royaume ; l'Europe même
retentit des coups de foudre réiterés
dont vous les avez frappées : l'ennemi découvert, chargé d'anathê-
mes, n'infectera plus que lui-même

de son propre poison. Vous êtes
allé jusqu'à la précaution plus que
humaine de couper les communica-
tions du siecle avec l'ennemi , &
d'étouffer les échos ultrà-François
qui auroient pu redire à nos neveux
quelque chose d'une Morale dan-
gereuse, d'une Philosophie altiere,
d'un plan de désordres , & de l'his-
toire honteuse de nos égarements :
vous nous rappellez à l'ancienne
méthode puisqu'elle fut la vôtre,
nous rentrons par-là dans la douce
unité d'une Loi , d'un Baptême ,
d'un Roi, dans les doux avantages
d'une Monarchie , dans la précieuse
liberté d'une Eglise qui toujours sous
un Chef visible nous mene d'un pas
assuré dans les voies de la paix &
du salut : vous fondez sur la pierre
ferme un Royaume qui doit beaucoup à la Religion & auquel la Religion doit infiniment ; vous nous
placez nous & notre postérité dans
le sein d'un Prince bien-aimé, parce
qu'il est le Pere de l'Humanité, parce
qu'il est le Fils aîné de l'Eglise, &
qu'en cette double qualité il est aussi
cher à nos cœurs , qu'il est formida-
ble à ses ennemis , & grand aux
yeux de toutes les Nations. Voilà

B iij

notre fécurité, notre falut, & n'eft-
ce pas là votre ouvrage ?

Il ne feroit plus queftion mainte-
nant que d'établir des Académies,
où nos jeunes Abeilles, aujourd'hui
fugitives, viendroient fe ranger,
chacune dans le lieu qui lui feroit
marqué, comme dans des ruches où
elles travailleroient fous la direction
d'un certain nombre de Chefs jaloux
de leur petit Peuple, & trop payés
du feul intérêt de les contenir, de
les former & de les garantir en même
temps des incurfions d'un Frelon
audacieux qui voudroit recueillir où
il n'a pas femé.

Palmaque veftibulum, aut ingens oleafter
obumbret.
Virg. Georg.

Et pour tant de fuccès il con-
viendroit, que la Loi, lorfque vous
l'aurez portée, s'exécutât fous vos
yeux ; je veux dire fous des yeux per-
çants qui viffent par les vôtres, fous
des *Argus* qui veillaffent doucement,
mais infatigablement fur les exer-
cices & fur les progrès de ces jeunes
Abeilles ; qui fe connuffent à la qualité du miel qu'elles rapportent, qui
en pefaffent la quantité.

·. . . . Hinc cœli tempore certo
Dulcia mella premes : nec tantum dulcia ;
  quantum
Et liquida. . . . .

      Virg. Georg.

qui examinaſſent ce qu'elles en dé-
penſent & ce qu'elles en réſervent.
Mettons en d'autres auſſi attentifs
à viſiter ſouvent les fleurs dont elles
expriment le ſuc , qui en écartaſſent
les épines rebutantes.

·. . . . . Neque oves hœdique petulci
Floribus inſultent. . . . .

      Virg.

A prendre garde ſur-tout que les
eaux où elles iront ſe déſaltérer, &
reprendre de nouvelles ardeurs ,
ſoient pures. . . . .

    Et amicos irriget imbres.
      Virg.

A les éloigner de ces ſources boueu-
ſes & infectes d'où elles rappor-
teroient la contagion dans tout
l'eſſaim.

A marquer ſi diſtinctement les poi-
ſons qui naiſſent parmi les plantes
ſalutaires , que nos jeunes Abeilles
ne puſſent s'y méprendre ; qu'ils vous
rendiſſent un compte exact de ce
qu'ils auront vu par eux-mêmes.

     B iv

Totiusque ordine gentis
Mores & studia, & populos, & prælia dicat.

Virg.

Voilà ce dont s'occupe, & ce que nous promet un Sénat bienfaisant auquel Dieu & nos Rois confient leur autorité pour notre avantage & celui de la postérité.

Oui, Messieurs, ces dignes entreprises ne pourroient qu'échouer, ou que s'exécuter très-imparfaitement, si vous les perdiez de vue un seul instant, & si votre autorité, aussi puissante qu'elle est douce, n'influoit dans les opérations, & n'en nécessitoit les succès. Donnez-nous donc des Hommes qui fassent des Hommes, & des Philosophes Chrétiens.

Di probos mores docili juventæ,
Di Senectutæ placidæ quietem,
Romulæ genti date remque, prolemque
Et decus omne.

Horat.

J'entends vos Oracles. La jeunesse sera élevée ; on a pourvu à tout pour son éducation ; on lui formera l'esprit sans lui gâter le cœur, & son joug sera tel qu'elle s'y soumettra sans peine, sans dégoût, & qu'elle le chérira dans la vieilleſſe. Vous reverrez dans nos Adoleſcents cette premiere beauté, cette ancienne vigueur, l'héroïſme qui caractériſoit vos Peres ; ils vous rendront une poſtérité ſage & robuſte ; & l'âge d'or renaîtra. Les témoignages authentiques que nous vous avons donnés pluſieurs fois de notre zele pour les intérêts de l'humanité, & pour le bien de la Nation, vous ſont un gage ſacré de la vérité de nos promeſſes.

Que mon eſſai ſeroit heureux s'il pouvoit entrer pour quelque choſe dans vos deſſeins ! Si j'oſois écrire en paſſant que le mot *College* ne ſonne pas à l'oreille de la jeuneſſe, & que celui d'*Académie* plus doux l'effrayeroit moins : d'ailleurs il me ſemble, qu'il aſſortiroit mieux au plan magnifique que vous dreſſez pour ſon éducation. Un lieu deſtiné à ramaſſer l'élite des jeunes Gens ſous des Loix douces mais bien obſervées, des Hommes choiſis pour les faire exécuter ſelon l'eſprit & la lettre : Voici tout à la fois, des Télémaque, des Mentor, & cette Académie dont l'idée préſente quelque

chose de plus noble & de plus
susceptible de développement.

Des hommes plutôt au dessus,
qu'au dessous de vingt-cinq ans, des
hommes d'une éducation heureuse,
(la Noblesse m'entend) avec des
mœurs douces , des qualités con-
nues , une certaine aisance patrimo-
niale qui défende tout autre intérêt
que celui de se communiquer pour le
bien public, & de servir l'Etat dans ses
membres ; des sciences précises, nettes
& réfléchies ; des connoissances humaines fondées sur des principes mâ-
les ; un talent unique de les rendre
sur un ton dépouillé de la rudesse,
de la barbarie & du pédantisme
scholastique : à ces traits sont mar-
qués nos Maîtres. En restez-vous là ?
Non. Vous donnez à ces Maîtres des
surveillants chargés d'examiner sévé-
rement douze fois l'année les travaux
des Chefs & le progrès des Eleves ;
de peser au poids du sentiment &
du goût tout ce qu'ils débiteront,
soit dans le genre de l'invention,
soit dans le genre de l'imitation :
d'exiger que le Maître travaille pour
le Disciple , qu'il goûte le premier
des aliments qu'il lui présente; je veux
dire qu'il soit esclave des principes ;

qu'il travaille les compofitions, qu'il les refferre de façon qu'elles annoncent d'une premiere vue qu'il s'interdit toute étude particuliere incompatible avec fa vocation à fervir le Public dans les jeunes Gens qui lui font confiés; chargés d'approfondir les Auteurs deftinés pour la mémoire & pour l'interprétation ; d'en connoître l'efprit & la lettre : & de retrancher furtout dans les Latins, (fans épargner même l'éloquent Cicéron) un tas de fuperfluités fous lequel l'utile & le beau font étouffés.

Etudie-t-on fimplement pour apprendre du Latin ? Non; c'eft pour imaginer, pour imiter, pour fentir des beautés, des avantages, & furtout pour les rendre. Il faut être Orateur, Poëte, Hiftorien, Chronologifte, Jurifconfulte, Naturalifte, Politique, Théologien, Philofophe, &c. il eft dans toutes les Langues des principes de ces Sciences, & pour s'en affurer que l'on traduife, l'on reviendra du préjugé. Je ne prétends pas ici faire le procès aux Latins, ils font trop mes amis, je les lis, je les goûte, & je les recommande : mais ce que je voudrois, c'eft que fous les graces de leur élégante

Latinité un Traducteur préfentât les richeffes de la Langue Françoife châtiée comme elle eft aujourd'hui ; & qu'il les fît paffer à nos derniers neveux , qui attendent du fiecle de Louis XV pour la Langue Françoife ce que nous envions au fiecle d'Augufte pour la Latinité.

Seroit-il donc impoffible de retrouver un Cicéron qui habillât de Latin les Puriftes François qui ont extrait le fel & tout le beau de la docte Antiquité ? Que d'avantages réfulteroient de là, & pour le Maître qui s'inftruiroit en inftruifant , & pour l'Eleve qui trouveroit dans une quinteffence des belles études en tout genre l'utile & l'agréable, joints aux graces d'une Langue qui ne le cede à aucune autre & pour les délicateffes & pour la pureté.

Les véritables Maîtres, fans doute ne chicanneront pas mes réflexions ? Ils me les prêtent. Il en eft même qui aioutent, qu'il y a une infinité de voies abrégées pour communiquer à un jeune Eleve, dans l'efpace de trois ans, ce qu'il n'apprend par la méthode ordinaire que dans huit ou dix. Un Gouverneur de bonne foi, (dût-on crier, ô l'empirique !) s'offre très - modeſtement d'en montrer l'expérience dans l'éducation pratique d'un jeune homme qu'il feroit voyager. Mais tandis que l'on calcule mes moyens, diſons toujours d'après des faits qu'un Maître peut ſe faire ſuivre rapidement, même de la claſſe la plus nombreuſe, & j'en effleure les moyens.

Un Profeſſeur de quelque claſſe qu'il ſoit, doit ſe faire une loi :

1°. De beaucoup penſer, de beaucoup parler, pour ſe faire entendre.

2°. D'avoir de l'ordre, de la méthode, de la préciſion juſques dans une phraſe, *Deus Sanctus*.

3°. Qu'il la décompoſe en quatre ou cinq façons, s'il le faut, pour la monter en principe ; cela une fois fait, elle eſt regle.

4°. Il doit être tellement maître de ce qu'il dit, qu'il ſoit aſſuré de le faire goûter, de le faire ſentir au moins à ceux qu'il juge capables de profiter de ſes leçons.

5°. Pour les compoſitions qu'il donne des phraſes détâchées, courtes, mais étendues par un enchaînement des premiers principes qui le guideront juſques dans les plus hautes études ; fans cela, ni lui, ni fes Ecoliers ne feront jamais ce qu'ils doivent être.

6°. Qu'il s'afferviffe à la méthode la plus fimple, la plus familiere d'enfeigner, c'eft toujours la meilleure vis-à-vis de la jeuneffe ; en prendre une contraire, ce feroit contrifter les jeunes Gens, ce feroit inhumanité. Un ennemi même s'attendrit pour eux & les affifte dans le befoin.

Erafm.
Elog. de
la Fol.

7°. Qu'il travaille le premier ce qu'il veut faire travailler par fes Eleves; tout bon Profeffeur s'en fait un devoir facré.

8°. Qu'il faffe corriger les opérations par l'Ecolier qui paroît en avoir faifi le mieux le fens & l'efprit.

9°. Qu'il s'affure par des compofitions fréquentes & réglées fur les précédentes des progrès des uns & de l'incapacité des autres.

10°. Qu'il ne paffe rien à la mémoire, & pour cela, coûte qu'il coûte, qu'il condamne un coup d'œil fur la leçon à réciter.

11°. Enfin, qu'il exige beaucoup pour obtenir peu, d'un âge qui promet tout pour n'accorder que le moins qu'il lui eft poffible.

Voilà l'art ébauché de faire avancer l'Etudiant, & le précis des obligations d'un Maître, qui comme je l'ai dit, réuffira toujours, s'il ne perd point de vue l'intérêt public qui doit être le fien. S'il en coûte pour inftruire la Jeuneffe, il eft bien doux, il eft glorieux de mériter la reconnoiffance de la Patrie & les éloges de la Sageffe.

Encore un mot fur les obligations du Difciple, & je finis.

Pour s'affurer des Maîtres tels que je les dépeins, il faut leur donner des Eleves. Comme tout Maître n'eft pas fait pour inftruire, de même tout Difciple ne l'eft pas pour profiter dans les Sciences Académiques; il faut donc un choix affuré fur une vocation libre, fur des difpofitions d'âge, de force, de caractere & de moyens, dont le détail feroit trop long. Tout ce que je dis, c'eft qu'il eft de conféquence que l'Examinateur furveillant foit ici de la plus exacte féverité, & vis-à-vis du fujet propofé, & vis-à-vis de ceux qui le lui propofent.

Ignavum fucos pecus à præfepibus arcent.
Virg.

Qu'on ne reçoive dans les Académies que des Ecoliers dont une
certaine aiſance de fortune aſſurera
la ſuite des études; par-là l'on ferme
le Temple des Muſes à quantité d'in-
trus qui viennent le profaner, &
qui n'en rapportent qu'une pouſſiere
contagieuſe pour l'Egliſe, pour
l'Etat & pour la Société.

Voilà le myſtere de l'éducation
que l'on doit procurer le plutôt
qu'il eſt poſſible à la Jeuneſſe

. . . . . Teneræ nimis
Mentes aſperioribus formandæ ſtudiis.
Horat.

& pour laquelle s'offriront des Maîtres qui ſupérieurs aux vues baſſes
de l'intérêt, comme à tous autres
motifs indignes de leur caractere,
ne s'appliqueront, comme je l'ai dit,
qu'à regarder dans les jeunes Gens
qui leur ſeront confiés, ſoit pour une
éducation particuliere, ſoit pour une
éducation publique, des Hommes
deſtinés à tenir un jour un rang dans
l'Etat ; & qui n'auront rien de plus
à cœur que de les former pour l'Humanité & pour la Religion : tel eſt
le grand art de faire des Hommes, des
Savants & des Philoſophes Chrétiens.

L'AUTEUR DE CE PRÉCIS
annonçant une éducation pour le cœur &
pour l'efprit d'un jeune homme déjà in-
ftruit des premiers devoirs de fa Religion,
a cru devoir préfenter un morceau de la
Morale qu'il diftribue en vingt-quatre Le-
çons affez courtes pour ne point fatiguer
fon Eleve. Voici la premiere dans laquelle
il prend le ton d'un Pere, qui prêt à quitter
la vie, inftruit fon Fils fur la maniere de
débuter dans le monde & de fe préferver
de l'air contagieux que l'on y refpire.

I. LEÇON.

Recedite de medio Babilonis. **Jer.**

VENEZ recueillir, mon Fils, le dernier foupir
du Pere le plus tendre, votre piété pour moi
m'a donné les plus beaux & les plus longs jours,
je defcends avec joie dans le tombeau ; mais je
ne mourrai pas, mon Fils, que je ne vous ai donné
cette bénédiction à laquelle le Seigneur promet la
fienne. Que des années pleines de vie & de vertus
vous conduifent à mon âge. Vivez, vivez long-
temps de cette fanté floriffante que donne la fageffe, & rendez à une poftérité la plus nombreufe
les douceurs d'une vie faine & tranquille. Que la
Gloire pofe fon trône fur votre front, que toutes
les Vertus en cercle autour de vous défendent votre
cœur contre le vice & fes attraits. Que les poifons
féchent fous vos pas ; que la bonne odeur de la
Sageffe vous fuive par-tout & annonce en vous
un Enfant de bénédiction, & que votre ame au

moment de la mort foit un fruit mûr pour le
Ciel.

Je vous attends, mon Fils, dans le fein de la gloire,
Où j'efpere jouir du fuprême & feul bien.
Si vous favez combattre en Héros, en Chrétien,
Je vous promets un Dieu pour prix de la Victoire.

Vous entrez dans un monde que j'ai étudié, &
que je connois ; je le quitte fans regret dans l'efpoir
que vous me remplacerez auprès de lui. J'y avois
des obligations envers Dieu, envers les Hommes,
& à l'égard de moi-même, j'y ai fatisfait autant
qu'il a dépendu de moi ; vous êtes un fecond moi-
même, mes devoirs vous deviennent perfonnels,
je vous les détaillerai & je vous charge de les
remplir.

Sachez avant tout, que le monde dans lequel
vous êtes fur le point d'entrer eft plein de dan-
gers inféparables de l'état auquel la Providence femble vous deftiner ; je vous y ai préparé de loin ;
mais peut-on compter fur un Pilote qui n'a point
connu la mer ? Que fait celui qui n'a point été
tenté, je tremble pour vous : fi j'ofois me raffurer
ce ne feroit que fur l'innocence dans laquelle je
vous laiffe ; mais lorfqu'il fera queftion d'en faire
preuve devant un Tribunal mondain qui en rejettera
les titres, ou qui ne les recevra que pour les flétrir,
je ne vous le déguife plus, mon fils, tout ce qui
me flattoit, s'évanouit. Je conjure le Ciel de vous
guider pour ce premier pas, & de ne point vous
laiffer à vous-même qu'il ne vous ait mené par la
main au terme où je vous defire.

Je defcends dans le tombeau, je vais en paix ;
& je vous laiffe dans la guerre, à la merci,
des paffions, qui comme autant de furies fe difpu-
tent déjà l'entrée de votre cœur. J'entends la Vo-
lupté qui demande les prémices de votre adole-
fcence ; lui réfifterez vous dans un âge tendre, foible,
& fans expérience, dans un âge ouvert de tout

côté à ſes careſſes ? Quel âge pour ſe défendre du preſtige & de l'erreur ! Ô jeuneſſe cruelle ! ô trop fatale portion de la vie, n'eſt tu pas pour l'ordinaire la plus honteuſe époque de nos crimes & de nos malheurs ? Que ne puis-je vous rendre quelques années de ma longue vieilleſſe, ou plutôt que n'avez-vous l'aile rapide de la Colombe pour voler au-delà des écueils qui vous menacent.

> Si vous voulez jouir d'une heureuſe vieilleſſe,
> Filez-en les beaux jours dès-la tendre jeuneſſe.

Je touche à l'éternité, & vous êtes dans le temps orageux qui vous y précipite, hâtons-nous de diſſiper ces nuages épais qui vous dérobent le port auquel vous devez atteindre. Ce n'eſt plus le moment de ſourire à vos foibleſſes, vous êtes aſſez fort pour ſoutenir le ton de la vérité.

Si elle étonne votre amour propre, ſi elle vous frappe, elle vous humiliera, & les amertumes de ſon Calice vous feront mille fois plus ſalutaires que le miel empoiſonné de la coupe voluptueuſe de laquelle s'enivre Babylone.

Oui, déchirons ces fleurs qui voilent le cruel appareil de votre ſacrifice ; voyez le bras perfide qui devoit vous immoler ; démêlez les pieges d'un ennemi artificieux qui ne cherche à être votre eſclave que pour devenir votre tyran.

Vous êtes né pour la Société ; par votre heureux naturel ; votre éducation, par vos talents vous pourrez en faire les délices ; mais que ces avantages ſi précieux aux yeux du mondain, ſont foibles aux miens ! & qu'ils vous feront pernicieux s'ils ne ſont ſoutenus du ſolide éclat des Vertus Chrétiennes, ſans leſquelles, fuſſiez-vous le chef-d'œuvre des Hommes, vous n'êtes qu'un monſtre au ſentiment du Sage, & un bois aride devant Dieu.

Le Monde eſt une ſociété de bons & de méchants ; le Soleil de bonté & de juſtice qui luit ſur tous, vous éclairera dans le choix que vous

devez faire des Hommes. La vérité éternelle vous
apprendra que depuis le péché l'Homme est si contagieux à l'Homme, que malgré les avantages de
la Société il y a toujours plus à perdre pour lui
qu'à gagner dans les liaisons qu'il forme avec ses
semblables ; s'il se lie avec les jeunes gens, il court
en fougueux à l'école de l'étourderie & du liberti-
nage : s'il s'associe avec les riches, il se tire du sage
milieu qui est entre l'avarice & la prodigalité, &
il suit le torrent des passions bruyantes : s'il voit les
grands, il devient le jouet des vanités & des grandes vanités : s'il fréquente les Femmes, il se livre
aux regrets, à la honte, & marche vers le préci-
pice par le chemin le plus court & le plus assuré.

Ce Sexe contre nous auroit de foibles armes,
Si nos yeux ne prêtoient du réel à ses charmes.

Il faudroit un ami, je le sais, un cœur qui sût
aimer dans tous les temps constamment, un Mentor
prudent, pieux, édifiant, capable de vous reprendre, de vous consoler, de vous aider de ses biens
& de ses conseils, quel lot précieux pour le temps
& pour l'Eternité ! mais qu'on me dise où il est,
quelle terre fortunée il habite ? Je ne le trouve
que dans les songes ou dans la fable.

Pour trouver ce trésor, parcours la terre & l'onde,
Un ami véritable, en est-il en ce monde ?

Je n'en sais qu'un qui mérite cette auguste qualité, & chacun peut le trouver, cherchez-le, mon
Fils, desirez-le, il n'est pas loin de vous, si votre
cœur est pur, si votre conscience est droite, Dieu
y est, & c'est le plus tendre de tous les amis. C'est
là qu'est sa voix fidelle toujours prête à vous parler, à vous instruire, à vous soulager dans vos
besoins, à vous éclairer dans vos doutes, à vous
donner des réponses de salut, & à vous procurer la
paix au milieu du tumulte du monde. Que vous
serez heureux si vous lui êtes fidele en tout & par-

tout ! J'aime mieux que vous ne foyez que cendre & pouffiere auprès de lui, que d'être grand & fuperbe dans le monde ; j'aime mieux que vous gémiffiez dans fon fein, que de vous fentir dans les joies & les délices avec le monde ; ah ! plutôt manquez de tout, à ce moment expirez au pied de fa Croix, qne de poffeder fans lui les richeffes & les trônes de la terre.

Vous ferez bien plus tranquille dans un cœur où habitera le Dieu de la paix, que dans un monde turbulent qui fe plaît dans le défordre des paffions ; vous y ferez plus en fûreté que dans des cercles qui ne fe foutiennent qu'aux frais de la Pudeur, de la Charité & de la Philofophie Chrétienne, que dans ces compagnies où regne un vuide affreux que l'on cherche à remplir de vains plaifirs, de fortunes, de projets bizarres, d'efpérances chimériques, de faux raifonnements, de vues de politique, d'intérêt & de frivolités.

Je l'ai fenti ce vuide affreux, & mille fois j'ai gémi dans le fecret d'être dans la néceffité de me prêter à des affemblées defquelles je rapportois des oreilles moins modeftes, un efprit moins préfent, un intérieur moins fatisfait, un cœur inquiet dont les agitations me faifoient affez fentir que mon Dieu ne s'y étoit point trouvé pour me parler.

Que Dieu vous parle, mon Fils, qu'il vous dife qu'il eft votre falut, vous éprouverez des raviffements ; mais afin d'être digne de l'entendre, demandez lui la fidelité à fes ordres, que déformais vous n'écoutiez, vous ne confultiez que lui dans vos penfées, dans vos paroles & dans vos actions. Ouvrez à la femence de fa parole un cœur dans lequel elle puiffe germer ; humiliez-vous pour qu'il defcende jufqu'à vous, qu'il vous touche, qu'il vous perfuade ; & dans vos entretiens auprès de ce Souverain Maître, n'ambitionnez de devenir plus éclairé que pour devenir plus parfait en fageffe, & croyez que vous n'aurez rien appris à fon école fi vous ne favez le préférer à tout , & n'aimer rien que par rapport à lui.

Je vous quitte , mon Fils , je ferme enfin les yeux aux vanités ; mon pacte avec eux eft rompu : ils ne verront plus que la terre , où toutes les vanités du fiecle vont aboutir. Baifez pour la derniere fois cette main qui ne m'a point fcandalifé , & pour un gage éternel de ma tendreffe pour vous , recevez de cette même main les préceptes éternels que j'ai médités tous les jours de ma vie ; c'eft le patrimoine facré que j'ai reçu de mes Peres , & que je vous tranfmets : ne les négligez point , c'eft la vie de votre ame , c'eft votre falut.

Je meurs , mon Fils , recevez mon cœur , placez-le aux pieds de celui qui les tient tous en fes mains ; fouvenez-vous que je ne quitte qu'une enveloppe groffiere pour voir mon Dieu & vivre d'une vie éternelle qui vous eft deftinée fi vous m'imitez. Ayez foin de ma fépulture ; jettez quelques larmes fur mes cendres , elles fe ranimeront pour vous redire que j'y fuis fenfible. Si quelqu'un , fur-tout l'indigent ou le malheureux , s'apperçoit de ma mort , fervez-lui de Pere , & montrez par-là que vous êtes mon Fils.

APPROBATION.

J'AI lu un Ouvrage intitulé *l'Anti-Emile*, ou *Précis simple d'une éducation solide :* & je n'y ai rien trouvé qui soit contraire à la Foi & aux bonnes Mœurs. A Lyon, ce 2 Septembre 1762.

BOLLIOUD-MERMET.

PERMISSION.

VU l'Approbation. Permis d'Imprimer. A Lyon, le 2 Septembre 1762.

DELAFFRASSE.

297

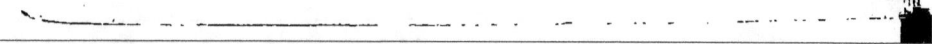